I0446894

VON NULL ZUM E-COMMERCE-HELDEN

5 Schritte zum Multi-Millionen-Erfolg mit $100

Von Abraham Wright

Inhalt

VORWÄRTS

Wie man ein Multi-Millionen-Dollar-Online-Geschäft in 5 Schritten mit weniger als 100 Dollar pro Monat aufbauen kann:

In der sich ständig weiterentwickelnden E-Commerce-Landschaft ist Abraham Wrights Buch "From Zero To E-Commerce Hero" eine praktische Erzählung für Unternehmer, die nach pragmatischen Einsichten suchen. Abrahams eigener Weg in der E-Commerce-Branche gibt Einblick in die Grundprinzipien, die für den Erfolg in diesem hart umkämpften Bereich erforderlich sind.

Das Buch enthüllt einen umfassenden Plan, einfach und klar, und ist gefüllt mit umsetzbaren Schritten, die es aufstrebenden E-Commerce-Unternehmern ermöglichen, ohne großen Kapitalbedarf einen Erfolg von mehreren Millionen Dollar zu erreichen.

Zu diesen Schritten gehören die Identifizierung einer profitablen Nische, der Aufbau von Partnerschaften mit lokalen Anbietern, die Erstellung einer überzeugenden Online-Präsenz, die Beherrschung der Kunst der Preisgestaltung und die effektive Beherrschung der Feinheiten von SEO und Marketingstrategien.

In einer Welt, in der der Erfolg im E-Commerce schwer fassbar erscheint, bietet dieses Buch eine Erzählung, die sowohl nachvollziehbar als auch praktisch ist und Unternehmer auf einen Weg führt, der von **Null zum E-Commerce-Helden** führt.

Haftungsausschluss:

Der Zweck des Inhalts dieses Buches besteht darin, aufschlussreiches und informatives Material zu den verschiedenen behandelten Themen bereitzustellen. Alle in diesem Buch enthaltenen

Zahlenangaben dienen lediglich der Veranschaulichung und haben keinen anderen Zweck als die theoretischen Argumente des Autors zu unterstützen.

Der Herausgeber und der Autor haften nicht für mögliche Schäden oder nachteilige Folgen, die sich aus Handlungen oder Unterlassungen von Personen ergeben können, die die in diesem Buch enthaltenen Informationen lesen oder befolgen. Keine der beiden Parteien kann für Handlungen oder Unterlassungen verantwortlich gemacht werden, die sich aus der Lektüre dieses Buches ergeben.

Die in diesem Buch enthaltenen Verweise dienen ausschließlich der Information; sie sind nicht als Empfehlungen für bestimmte Websites oder andere Quellen zu verstehen. Der Leser sollte auch darauf hingewiesen werden, dass die Websites, auf die in diesem Buch verwiesen wird, im Laufe der Zeit Änderungen erfahren oder irrelevant werden können.

EINFÜHRUNG

Viele Menschen haben das Ziel, finanziell unabhängig zu werden, um sich von den Zwängen der traditionellen 9-bis-5-Arbeitsroutine zu befreien, bei der der Stress, von Gehaltsscheck zu Gehaltsscheck zu leben, die persönliche Entwicklung behindern kann. Der Weg zur finanziellen Unabhängigkeit beginnt in der Regel mit der Entwicklung einer Idee und erfordert harte Arbeit, die sowohl konzentriert als auch konsequent sein muss. Die Konzentration ist einer der wichtigsten Faktoren, die über den Erfolg dieses Vorhabens entscheiden werden.

Die Konzentration aufrechtzuerhalten bedeutet, sich von allen unnötigen Ablenkungen zu befreien, die die Aufmerksamkeit von dem Ziel, das man sich gesetzt hat, ablenken könnten. In diesem Buch gebe ich Ihnen einen Plan an die Hand, der sich für eine Reihe von Personen als erfolgreich erwiesen hat; einen Plan, der es Ihnen ermöglicht, mit einer Investition von weniger als 100 Dollar ein millionenschweres Geschäftsabenteuer zu beginnen. Ich werde diesen Plan vorstellen, damit Sie sein Potenzial nutzen können. Diese Strategie ist eines der Geschäftsvorhaben, die ich kenne, das das geringstmögliche Risiko birgt, und es ist sicherlich machbar. Um sich auf dieses Abenteuer einzulassen, brauchen Sie nur Zugang zu einem Computer und zum Internet.

Die in diesem Leitfaden beschriebenen Maßnahmen sind leicht zu verstehen und einfach auszuführen. Wenn Sie erst einmal Ihr Spezialgebiet festgelegt und einen Anbieter gefunden haben, ist das Arbeitspensum tatsächlich recht überschaubar, und Sie können sogar bestimmte Aufgaben an einen freien Mitarbeiter delegieren.
Dies ist eine bewährte Strategie, die Sie auf den richtigen Weg bringt, um Ihr Ziel, finanziell unabhängig zu sein, zu erreichen.

Schritt 1: Identifizierung einer Nische

Die Bestimmung einer Unternehmensnische ist ein kompliziertes und vielschichtiges Unterfangen, das gründliche Nachforschungen, strategische Überlegungen und ein umfassendes Verständnis der angestrebten Kundenbasis voraussetzt. Unternehmer müssen unerfüllte Bedürfnisse oder unzureichend genutzte Sektoren innerhalb einer Branche identifizieren und ihr Angebot so anpassen, dass es diesen besonderen Wünschen gerecht wird.

Die Reise beginnt mit einer gründlichen Marktuntersuchung. Risikokapitalgeber müssen das breitere industrielle Umfeld analysieren, um Trends, Lücken und Chancen zu erkennen. Es wird empfohlen, Nachforschungen über Konkurrenten, Kundenverhalten und aufkommende Technologien oder Fortschritte anzustellen.

Eine florierende Nische entspricht häufig dem Interessen- und Kompetenzbereich des Unternehmers. Wer sich aufrichtig für die Materie begeistert, ist eher geneigt, sein Engagement aufrechtzuerhalten und Innovationen zu fördern. Daher sollten sie sich mit sich selbst auseinandersetzen und herausfinden, welche Branchen oder Themen sie wirklich interessieren.

Es ist von entscheidender Bedeutung, das Zielpublikum zu präzisieren. Unternehmer sollten umfassende Verbraucherpersönlichkeiten entwickeln, um einen Einblick in die Demografie, die Vorlieben und die Probleme ihrer potenziellen Kundschaft zu erhalten. Auf diese Weise können Dienstleistungen oder Produkte auf die besonderen Anforderungen zugeschnitten werden.

Es ist wichtig, die Wettbewerbslandschaft zu verstehen. Unternehmer sollten die Vor- und Nachteile der derzeitigen Teilnehmer im ausgewählten Marktsegment bewerten. Dies kann die Identifizierung von Bereichen erleichtern, in denen sie über außergewöhnliche Fähigkeiten verfügen oder ein unverwechselbares Wertversprechen bieten können.

Es ist ratsam, ein Geschäftskonzept gründlich zu validieren, bevor eine vollständige Investition in eine Nische getätigt wird. Um Feedback zu erhalten, kann dies durch Fokusgruppen, Umfragen oder sogar durch das Angebot eines Minimum Viable Product (MVP) an eine ausgewählte Gruppe potenzieller Kunden geschehen.

Nach der Gründung des Unternehmens sollten die Inhaber ihr Angebot ständig evaluieren und in Übereinstimmung mit den Anregungen der Kunden weiterentwickeln. Dadurch wird gewährleistet, dass die Produkte oder Dienstleistungen den sich entwickelnden Anforderungen des Nischenmarktes gerecht werden.

Bevor eine Nische gefunden werden kann, muss eine solide Markenpräsenz aufgebaut werden. Eine einzigartige Markenidentität, Botschaft und Erzählung kann einem Unternehmen helfen, sich zu differenzieren und eine tiefere Verbindung zu seinem Zielmarkt herzustellen.

Effektives Content Marketing ist entscheidend, um mit einer bestimmten Zielgruppe in Kontakt zu treten und sie zu beeinflussen. Die Erstellung von lehrreichen, sachdienlichen und hochwertigen Inhalten kann einem Unternehmen dabei helfen, sich als Autorität in der Branche zu etablieren und neue Kunden zu gewinnen.

Der Aufbau von Beziehungen innerhalb der Nischengemeinschaft kann zu Möglichkeiten der Partnerschaft und Zusammenarbeit führen. Dies könnte es der Organisation erleichtern, ihr Publikum zu erweitern und ihre Glaubwürdigkeit zu erhöhen.

Schließlich sind Wachsamkeit und Flexibilität wesentliche Eigenschaften. Der Wettbewerb, die Marktbedingungen und die Verbraucherpräferenzen können sich ändern. Unternehmer müssen diese Trends im Auge behalten und darauf vorbereitet sein, ihre Strategien entsprechend anzupassen.

Die Erkundung einer Geschäftsnische erfordert ein kontinuierliches und dynamisches Verfahren, das eine Kombination aus fundiertem Wissen, Enthusiasmus, Flexibilität und umfassender Erforschung des angestrebten Marktes darstellt. Der springende Punkt ist das Erkennen unerfüllter Bedürfnisse und die Entwicklung spezialisierter Lösungen, die einen bestimmten Kundenkreis ansprechen und so die Expansion und den Erfolg des Unternehmens fördern.

Es ist wichtig, dass Sie eine Nische finden, die Ihren persönlichen Vorlieben und Fähigkeiten entspricht. Wenn Sie eine große Leidenschaft oder ein großes Interesse an Kunst haben, sollten Sie Nischen innerhalb dieser Disziplin untersuchen. Ebenso sollten Personen mit Programmierkenntnissen oder einer Neigung zu Technologie Segmente bevorzugen, die in der Nähe ihres Fachgebiets liegen.

Der Grund für die Wahl eines Fachgebiets, das den persönlichen Interessen und Fähigkeiten entspricht, besteht darin, dass man sich mit ganzem Herzen der unternehmerischen Tätigkeit widmen und darin erfolgreich sein kann. Sie werden natürlich einen großen Teil Ihrer Energie und Ihres Enthusiasmus dem Ausbau Ihres Unternehmens widmen und damit dessen Erfolgswahrscheinlichkeit erhöhen.

Es ist zwar möglich, sich in Nischen zu wagen, die nichts mit Ihrem Fachwissen oder Ihren Interessen zu tun haben, doch kann dies mit zunehmendem Wachstum Ihres Unternehmens immer schwieriger werden.

Als Levi Strauss in der Zeit des Goldrausches begann, ein Jeansgeschäft in den Vereinigten Staaten aufzubauen, erkannte er eine eindeutige und vorteilhafte Marktlücke. Vor dieser Zeit waren die meisten Privatpersonen und Unternehmen damit beschäftigt, Goldsucher mit Werkzeugen und Geräten wie Schaufeln und Karten auszustatten. Unerwarteterweise wurde der Bedeutung der Entwicklung geeigneter Arbeitskleidung für die im Bergbau tätigen Bergleute nicht die nötige Aufmerksamkeit geschenkt.

Levi Strauss bewies außergewöhnlichen Weitblick, indem er eine Lösung fand: die Herstellung einer Hose aus elastischem Stoff, die sowohl funktional als auch ästhetisch ansprechend ist. Was er damals noch nicht wusste, war, dass diese bahnbrechende Uniform zu einer der bekanntesten Mode-Ikonen des einundzwanzigsten Jahrhunderts werden würde. Noch erstaunlicher ist die Tatsache, dass die Levi's-Hose auch lange nach dem Ende des Goldrausches nicht veraltet war. Umgekehrt haben sie ihren Erfolg bis zum heutigen Tag beibehalten und sich zu einer international bekannten und beständigen Bekleidungs- und Jeansmarke entwickelt.

Ähnlich wie beim Erfolg von Levi Strauss ist es unerlässlich, die eigene Nische zu finden, bevor man sich unternehmerisch betätigt. Es ist sehr empfehlenswert, eine Nische zu wählen, in der die Produkte, die Sie herstellen wollen, vergleichsweise klein und leicht sind, vor allem, wenn Sie ein florierendes Online-Unternehmen aufbauen wollen. Für ein Start-up ist es ratsam, sich um eine effiziente Verwaltung der Versandkosten zu bemühen und unkomplizierte Logistikalternativen wie kleine Versandunternehmen und Postdienste zu nutzen.

Obwohl es nicht unmöglich ist, mit sperrigen oder schweren Produkten zu beginnen, bevorzugt der Markt im Allgemeinen Artikel, die einfach zu versenden sind. Eitelkeiten und Gebrauchsgegenstände sind Beispiele für Produkte, die sich in der Regel im Online-Geschäft schneller durchsetzen. Vermeiden Sie es jedoch, sich vorschnell mit den Abmessungen, dem Volumen oder dem Gewicht des Produkts zu befassen. Ihr Hauptziel sollte es sein, Ihre Nische zu definieren und zu bestimmen. Wenn Sie Ihre Nische identifiziert haben, können Sie leichter bestimmen, welche Produkte für Ihr Online-Unternehmen am besten geeignet sind.

Es ist von entscheidender Bedeutung, einen umfassenden Geschäftsplan zu entwickeln, der alle Aspekte, einschließlich Produktauswahl, Marketing- und Vertriebsstrategien, berücksichtigt. Ein Vorteil dieses Geschäftsmodells besteht darin, dass es die Notwendigkeit des Produkteigentums oder der Großhandelsbeschaffung überflüssig macht. Außerdem ist kein konkreter Lagerplatz erforderlich, da man den Bestand eines Lieferanten nutzen kann, um die Kundenwünsche zu erfüllen.

Es ist möglich, die MAGIC-Formel als Kompass zu verwenden, um Ihre Nische zu finden. MAGIC, das für Cash-flow, Innovation, Awesomeness, Greatness und Money steht, sind alles wesentliche Elemente, die Ihre Nische beinhalten sollte. Lassen Sie uns die folgenden Facetten untersuchen:

Die von Ihnen gewählte Nische sollte einen Gewinn abwerfen können. Beurteilen Sie dies durch eine Analyse der finanziellen Komponenten. Wie hoch ist der jährliche Umsatz, gemessen in Millionen oder Milliarden von Dollar, den die Produkte in Ihrer Nische erwirtschaften? Führen Sie eine Trendanalyse durch: Sind diese Zahlen steigend oder fallend? Geld ist ein aussagekräftiger Indikator für die Lebensfähigkeit Ihrer Nische.

Überlegen Sie, ob die Produkte in Ihrer Nische wirklich phänomenal sind. Werden sie von den Verbrauchern als so ansprechend und überzeugend empfunden, dass sie einen Kauf rechtfertigen? Verfügen diese Produkte über echte Spitzenleistungen und die Fähigkeit, das Leben des Kunden zu verbessern? Denken Sie immer daran, dass die Kunden etwas Wertvolles für ihr Geld kaufen.

Das Konzept der Größe bezieht sich auf den Wert, den Ihre Produkte bieten. Sie sollten unverwechselbar sein und eine Funktion erfüllen, die bei den Empfängern auf große Resonanz stößt. Die Kunden sind bereit, in ein außergewöhnliches Produkt zu investieren, weil es ihre Bedürfnisse befriedigt oder ihre Probleme löst.

Innovation ist eine transformative Kraft. Ihre Nische sollte, wie in dem Moment, als Steve Jobs das iPhone vorstellte, innovative Komponenten enthalten, die das Potenzial haben, den Markt zu verändern oder eine Branche zu revolutionieren. Innovative Produkte haben die Fähigkeit, die Aufmerksamkeit der Verbraucher zu fesseln und einen dauerhaften Einfluss auszuüben.

Die Schaffung eines nachhaltigen Cashflows ist entscheidend. Unternehmen müssen rasch Einnahmen erzielen. Potenzielle Investoren könnten selbst bei einem brillanten Konzept oder Produkt von einer Investition abgeschreckt werden, wenn die Investitionsrendite erst nach Jahren eintritt. Die Menschen ziehen es vor, ihre Investitionen so schnell wie möglich zurückzubekommen. Eine solide Geschäftsstrategie sollte eine schnelle Akkumulation von Cashflow garantieren.

Die Übermittlung von Botschaften über Kanäle, die ein breites Publikum erreichen können, ist ein Grundprinzip des Marketings. Eine Botschaft wie "Amerika ist großartig", die auf dem Ein-Dollar-Schein oder einem anderen weit verbreiteten Geldstück aufgedruckt ist, hat das Potenzial, Millionen von Menschen zu erreichen. Ebenso sollte Ihre Nische die Fähigkeit besitzen, ein breites Publikum anzusprechen und mit ihm in Verbindung zu treten. Zusammenfassend lässt sich sagen, dass die MAGIC-Formel Ihnen dabei helfen kann, ein Marktsegment zu identifizieren, das nicht nur finanzielles Potenzial, sondern auch Kundeninteresse, ein Wertversprechen, Innovation und einen stetigen Cashflow aufweist und damit den Grundsätzen erfolgreicher Unternehmen entspricht. Es ist unerlässlich, eine Marktnische zu wählen, die eine große Vielfalt an Produkten bietet. Je größer die Vielfalt in einer Nische ist, desto größer ist die Wahrscheinlichkeit, dass ein effektiver Absatz erzielt wird. Auch wenn es möglich ist, eine Nische zu schaffen, die sich um ein einzelnes Produkt dreht, ist es entscheidend, dass das Produkt der MAGIC-Formel entspricht und unverwechselbare und bahnbrechende Eigenschaften aufweist.

Ein Beispiel: Als ich mein Unternehmen gründete, verkaufte ich Oregano-Öl, das ich ausschließlich von einem Lieferanten bezog. Zu Beginn war das Produktangebot sehr einseitig. Als neuartiges Produkt wurde Oregano-Öl jedoch von den Verbrauchern immer stärker nachgefragt.

Meine Produktpalette wurde nach und nach um ein Sortiment an ätherischen Ölen erweitert. In der Folge ging ich eine strategische Allianz mit einem Großhändler ein, die es mir ermöglichte, meinen Kunden eine größere Auswahl an Produkten anzubieten, ohne die Kosten für die Lagerhaltung tragen zu müssen. Ich verdiente eine Provision, indem ich als Vermittler auftrat und die Produkte des Großhändlers vermarktete.

Der springende Punkt ist, dass eine Nische mit einem vielfältigen Angebot häufig vorteilhafter ist. Die Bedürfnisse der Menschen sind vielfältig, und das Funktionieren des Handels unterliegt den Grundsätzen der Wahrscheinlichkeit. Im Vergleich zu einer Nische mit einem einzigen Produktangebot können Sie Ihren Kundenstamm erweitern und erfolgreicher sein, wenn Sie mehrere Produkte anbieten.

Schritt 2: Suche nach einem lokalen Anbieter

In diesem Schritt geht es darum, einen lokalen Anbieter für Ihre Nische zu finden, der über einen mäßigen bis großen Bestand verfügt.

Nachdem Sie Ihre Nische identifiziert haben, müssen Sie einen geeigneten Lieferanten finden. Obwohl Ihr Lieferant sowohl lokal als auch international sein kann, konzentrieren wir uns in dieser Diskussion auf lokale Lieferanten mit Lagerbestand.

Das Geschäftsmodell des Vertriebs, das häufig von internationalen Anbietern genutzt wird, stellt eine interessante und potenziell lukrative Möglichkeit dar. Es birgt aber auch eine Reihe von Schwierigkeiten in sich. Obwohl es die Möglichkeit bietet, ein passives Einkommen zu erzielen, kann die Verwaltung recht komplex sein. Wenn Sie keinen direkten Zugang zu den betreffenden Produkten haben, kann es für Sie schwierig sein, Verbraucherfragen zu klären. Es kann zu Schwierigkeiten kommen, wenn Sie versuchen, im Rahmen eines Outsourcing-Modells Kundendienst zu leisten und Probleme zu lösen.

Im Mittelpunkt dieses Buches steht die Zusammenarbeit mit lokalen Lieferanten, die ihre eigenen Bestände verwalten und eine größere direkte Kontrolle und Beteiligung an den Geschäftsabläufen bieten.

Die zentrale Idee ist die Gründung eines florierenden Online-Unternehmens mit geringem Kapitaleinsatz, begrenztem Risiko und der Möglichkeit, erhebliche finanzielle Gewinne zu erzielen. Im Zentrum dieses Rahmens steht die Funktion Ihres Lieferanten, der im Wesentlichen als Ihr Bestandshalter fungiert. Mit dieser Methode entfällt die Notwendigkeit, einen greifbaren Warenbestand zu führen. Umgekehrt fungieren Sie als Zwischenhändler, der aus dem Wert und den Einnahmen, die durch die Produkte Ihres Lieferanten entstehen, Kapital schlägt. Sowohl Sie als auch Ihr Lieferant profitieren von dieser symbiotischen Beziehung, da Sie als Absatzkanal fungieren und einen Teil des Erlöses erhalten. Die Gewinnspannen und andere Einzelheiten dieser Partnerschaft werden in der folgenden Diskussion über Preisstrategien eingehend untersucht.

Dieses Geschäftsparadigma ist aufgrund seiner Vielseitigkeit und Anpassungsfähigkeit elegant. Die Zusammensetzung Ihrer Lieferanten kann je nach den Merkmalen Ihrer Nische und Ihren besonderen Geschäftszielen unterschiedlich sein. Dazu können Dienstleister, handwerkliche Boutiquen, Hersteller, Großhändler oder traditionelle Einzelhändler gehören. Ihre Nische spiegelt sich in der Lieferantenauswahl wider, die es Ihnen ermöglicht, Ihr Unternehmen auf die spezifischen Anforderungen und Merkmale des von Ihnen gewählten Marktes zuzuschneiden.

Durch die Zusammenarbeit mit diesen Anbietern erhalten Sie Zugang zu einer Reihe von Vorteilen. Im Folgenden sind einige wichtige Vorteile aufgeführt:

Minimales finanzielles Risiko :

Durch das Fehlen von Investitionsverpflichtungen im Zusammenhang mit der Beschaffung und Lagerung von Vorräten wird das finanzielle Risiko erheblich verringert. Durch die Senkung der Einstiegshürde für angehende Unternehmer wird der potenzielle Verlust für den Fall, dass das Geschäft nicht wie erwartet an Fahrt gewinnt, gemildert.

Kosten-Wirksamkeit :

Es ist möglich, Ihr Unternehmen mit minimalen Verwaltungskosten zu betreiben. Es sind keine Lagerhaltung, keine Lagereinrichtung und keine damit verbundenen Kosten erforderlich. Diese Kosteneffizienz erhöht das Gewinnpotenzial.

Vielfältige Produkte anbieten :

Indem Sie die vielfältigen Bestände Ihrer Lieferanten nutzen, können Sie eine große Auswahl an Produkten oder Dienstleistungen anbieten, die den unterschiedlichen Anforderungen Ihrer Zielgruppe gerecht werden. Durch die Diversifizierung können Sie eine größere Anzahl von Kunden ansprechen.

Setzen Sie Prioritäten für Vertrieb und Marketing :

Das Hauptaugenmerk Ihrer Bemühungen sollte auf Vertrieb und Marketing liegen. Ohne von der Bestandsverwaltung belastet zu werden, können Sie sich auf die effektive Förderung Ihrer Produkte oder Dienstleistungen, die Entwicklung Ihrer Marke und die Erweiterung Ihres Kundenstamms konzentrieren.

Kapitalisierung von Fachwissen :

Lieferanten verfügen häufig über umfangreiches Wissen und Fachkenntnisse in ihren spezifischen Bereichen. Sie können Ihr Angebot verfeinern, Zugang zu hochwertigen Produkten erhalten und wertvolle Einblicke gewinnen, indem Sie deren Erfahrung nutzen.

Skalierbarkeit :

Sie können Ihr Unternehmen problemlos erweitern, wenn es expandiert, indem Sie Allianzen mit zusätzlichen Lieferanten eingehen oder Ihr Sortiment an Produkten und Dienstleistungen ausbauen. Die Skalierbarkeit ermöglicht eine rasche Expansion und umgeht gleichzeitig die logistischen Schwierigkeiten, mit denen herkömmliche Unternehmen zu kämpfen haben.

Grundsätzlich nutzt dieses Geschäftsmodell die Vorteile der Spezialisierung und der Zusammenarbeit und ermöglicht es Ihnen, sich auf Ihre Kernkompetenzen zu konzentrieren, d. h. auf den Aufbau von Kundenbeziehungen, die Vermarktung von Produkten und die Erzielung von Einnahmen.

Es handelt sich um ein für beide Seiten vorteilhaftes Ökosystem, in dem sowohl Sie als auch Ihre Lieferanten florieren können - eine Win-Win-Situation. Wir werden die verschiedenen Facetten dieses Geschäftsmodells näher untersuchen, z. B. Preisstrategien, Kundenbindung und Skalierung, um langfristigen Erfolg zu gewährleisten.

Angenommen, Sie haben die Schmuckbranche als Nische für Ihr Online-Geschäft gewählt. Jetzt ist es an der Zeit, einen zuverlässigen Schmucklieferanten zu finden, der eine große Auswahl an Produkten anbieten kann. Das Verfahren beginnt mit dem Aufbau von Kontakten zu potenziellen Lieferanten. Es ist möglich, sie zu besuchen, sich mit ihnen auszutauschen und ein Exemplar ihres Produktkatalogs anzufordern. Dieser persönliche Austausch ermöglicht es Ihnen, die Glaubwürdigkeit des Anbieters festzustellen und sein Schmucksortiment zu bewerten.

Es ist ratsam, sich bei Ihren Gesprächen nach den beliebtesten Produkten zu erkundigen. Wenn Sie wissen, welche Produkte am meisten nachgefragt werden, können Sie Ihre Bestandsentscheidungen mit der Marktnachfrage abstimmen.

Investieren Sie außerdem Zeit in die Erkundung der Website des Anbieters, wenn dieser eine digitale Präsenz hat. Durch den Zugriff auf die Produkte über dieses digitale Portal kann man sich einen Überblick über den Umfang des Sortiments verschaffen und bestimmte Schmuckstücke identifizieren, die sich für die Aufnahme in einen Online-Shop eignen könnten.

Durch eine gründliche Prüfung des Katalogs und der Online-Präsenz des Anbieters erwirbt man das notwendige Wissen, um fundierte Entscheidungen über die Produkte zu treffen, die in der Schmucknische präsentiert werden sollen. Diese Forschungsphase stellt sicher, dass Ihr Online-Geschäft die Wünsche und Anforderungen Ihres Zielmarktes erfüllt und legt den Grundstein für eine erfolgreiche Partnerschaft.

Um den zuverlässigsten Lieferanten zu finden, bedarf es einer umfassenden Untersuchung und einer gewissenhaften Auswahl. Der Lieferant kann mit einem unbezahlbaren Edelstein verglichen werden, den man bei einer unternehmerischen Entdeckungsreise entdeckt. Der Aufbau von Vertrauen und die Aufrechterhaltung der Regelmäßigkeit, insbesondere in der Anfangsphase, hängen von der Bildung von

Allianzen mit verlässlichen Lieferanten ab. Der Beginn der Lieferantensuche ist daher ein entscheidendes Unterfangen.

Um den optimalen Anbieter zu finden, ist eine sorgfältige Recherche erforderlich. Wenn Sie beispielsweise ein Geschäft wie den Verkauf von Nahrungsergänzungsmitteln in Angriff nehmen, ist es von entscheidender Bedeutung, die angesehensten Einzelhändler des Sektors zu ermitteln. Der Erfolg Ihres Unternehmens hängt von der Verlässlichkeit und Qualität Ihres Lieferanten ab.

Um Ihre Anfrage einzuleiten, sollten Sie mehrere Wege beschreiten. Nutzen Sie Google, um potenzielle Anbieter ausfindig zu machen, die mit Ihrem Fachgebiet übereinstimmen. Durchsuchen Sie Zeitschriften nach Erwähnungen von Führungskräften der Branche. Erkundigen Sie sich bei der Handelskammer in Ihrer Region nach den führenden Unternehmen der Branche. Schlagen Sie in den Gelben Seiten nach, um Lieferanten und Einzelhändler zu finden, die sich auf Ihre Nische spezialisiert haben. Nicht zu unterschätzen ist die Bedeutung von Empfehlungen von Bekannten und Gleichgesinnten, die möglicherweise über wertvolle Kenntnisse verfügen.

Ein entscheidender Schritt bei der Gründung eines Unternehmens ist die Sicherstellung, dass ein Lieferant ein physisches Inventar zur Verfügung stellt, das ohne weiteres verwendet werden kann. Wenn Sie dieses zentrale Element nicht berücksichtigen, kann dies Ihr Vorankommen behindern und Ihren Weg zum Erfolg erschweren. Investieren Sie daher die Zeit und Energie, die erforderlich sind, um systematisch einen zuverlässigen Lieferanten zu finden und mit ihm zusammenzuarbeiten, denn dies ist der Grundpfeiler Ihres unternehmerischen Vorhabens.

Nachdem Sie einen zuverlässigen Lieferanten gefunden haben, müssen Sie mit der Erstellung eines Katalogs beginnen. Dieses Verfahren beinhaltet die sorgfältige Auswahl der Produkte, die in einer bestimmten Nische verkauft werden sollen, und die anschließende Zusammenstellung Ihrer Produkte in einem umfassenden Katalog. Um dieses Unterfangen zu optimieren, sollten Sie die Verwendung einer Tabellenkalkulationsanwendung wie Excel oder Google Sheets in Betracht ziehen.

Jedes Produkt in diesem Katalog verdient eine ausführliche Beschreibung. Es ist von größter Wichtigkeit, die Gründe für den Wunsch der Verbraucher, ein bestimmtes Produkt zu erwerben, darzulegen. Bemühen Sie sich zusätzlich, die Beschreibung des Produkts zu verbessern, um seine Anziehungskraft zu erhöhen, falls eine solche bereits besteht. Die Kunden wissen häufig nicht, dass es bestimmte Produkte gibt oder dass sie nützlich sind; daher ist es Ihre Aufgabe, sie zu informieren.

Denken Sie daran, dass Ihr Katalog bei der Erstellung Ihrer Website als wertvolle Referenz dienen wird. Die Ausarbeitung gründlicher Beschreibungen dient dem doppelten Zweck, potenzielle Käufer zu informieren und die Suchmaschinenoptimierung (SEO) zu unterstützen. Ein gut gegliederter Katalog mit den richtigen Schlüsselwörtern erhöht die Sichtbarkeit und den Bekanntheitsgrad Ihrer Website in der Online-Suche.

Darüber hinaus legen Sie mit der Erstellung dieses Katalogs Ihr virtuelles Inventar an - eine unschätzbare Sammlung von Produkten, in deren Beschaffung Sie keinen einzigen Dollar investiert haben. Es bedarf Ihres Einsatzes, um dieses Inventar der Welt zu präsentieren und es in Handel zu verwandeln. Es ist vergleichbar mit der Entdeckung eines persönlichen Schatzes auf Alibaba, der voller ungenutzter Potenziale steckt, die nur darauf warten, ausgeschöpft und einer zufriedenen Kundschaft präsentiert zu werden.

Es ist wichtig zu verstehen, dass man bei der Suche nach einem Lieferanten nicht der Einzige sein muss. Sie haben das Recht, mit einer unbegrenzten Anzahl von Lieferanten eine Partnerschaft einzugehen, vorausgesetzt, diese erfüllen die Anforderungen an die Zuverlässigkeit und das Vorhandensein eines greifbaren Bestands. Nehmen wir an, Sie haben beschlossen, sich auf den Verkauf von Säuglingsprodukten zu spezialisieren. In der gegebenen Situation kann man sich bei Lieferant X eindecken und gleichzeitig das Angebot von Lieferant Y prüfen. Diese Strategie ermöglicht es, den Produktkatalog zu erweitern und so den Kunden eine größere Auswahl zu bieten.

Gelegentlich kann es vorkommen, dass sowohl Lieferant X als auch Lieferant Y das gleiche Produkt anbieten, bezeichnet als Produkt P. In solchen Situationen berechnen Sie Ihre Gewinnspanne, indem Sie den Durchschnittspreis von Produkt P von beiden Lieferanten berechnen. Diese Methode gewährleistet eine wettbewerbsfähige Preisgestaltung, ohne dass die Fähigkeit, Einnahmen zu erzielen, beeinträchtigt wird.

Die Transporteignung eines Produkts ist ein weiterer kritischer Faktor, der bei der Erstellung eines virtuellen Inventars berücksichtigt werden muss. Bestimmte Artikel, wie z. B. brennbare Materialien oder Luftkompressoren, können beim Lufttransport Schwierigkeiten bereiten oder sogar gesetzlichen Beschränkungen unterliegen.

Die Einhaltung der Versandvorschriften und das Bewusstsein für diese Einschränkungen sind von größter Bedeutung.

Denken Sie daran, dass Ihr Online-Inventar einer Fülle potenzieller Ressourcen gleichkommt, die nur darauf warten, genutzt zu werden. Bemühen Sie sich darum, ihn aufzubauen, zu verbessern und zu erweitern. Es ist äußerst wichtig, dass Sie Qualität über Quantität stellen; eine Überbevorratung Ihres Bestands würde die Qualität Ihrer Produkte beeinträchtigen.

Das Erreichen eines nachhaltigen und zuverlässigen Unternehmens ist von größter Bedeutung und erfordert die Beibehaltung eines ausgewogenen Ansatzes, der die Interessen der Kunden und das Wohlergehen des Unternehmens schützt.

Nachdem Sie erfolgreich auf Nischen ausgerichtete Lieferanten für Ihr Inventar identifiziert haben, ist es wichtig, Struktur in Ihre Geschäftsabläufe zu bringen. Eine effiziente Methode, dies zu erreichen, besteht darin, alle Ihre Produktinformationen in einer CSV-Datei (Comma-Separated Values) oder alternativ in einer gut strukturierten Tabellenkalkulation zusammenzufassen.

Der Einsatz von CSV-Dateien kann das Verfahren erheblich optimieren, wenn man sich entschließt, sein Unternehmen auf eine E-Commerce-Plattform umzustellen.

Die Erstellung von CSV-Dateien wird durch eine Vielzahl von Software-Alternativen vereinfacht, darunter kostenlose und Open-Source-Programme. Wenn Sie E-Commerce-Plattformen wie Shopify oder GoDaddy nutzen, werden diese CSV-Dateien von größter Bedeutung sein. Sie revolutionieren den Prozess der Einrichtung eines Online-Shops, indem sie seine Abläufe rationalisieren.

Die Entwicklung einer Website, die früher drei bis sechs Monate in Anspruch nahm, kann jetzt in ein bis zwei Wochen oder sogar noch schneller abgeschlossen werden, je nach Aufwand und Zeit, die für die Erstellung der Website aufgewendet wird.

Schritt 3: Aufbau oder Klonen einer E-Commerce-Website

In diesem Schritt werden wir den Aufbau einer E-Commerce-Website besprechen, indem wir Ihren Online-Shop erstellen oder einen bereits bestehenden kopieren.

Mit dem Aufkommen benutzerfreundlicher Tools und moderner Technologien hat sich die Erstellung einer Website von einer einst schwierigen Aufgabe zu einer der einfachsten Methoden entwickelt, eine Online-Präsenz aufzubauen.

Vor einem Jahrzehnt war der Aufbau einer E-Commerce-Plattform ein schwieriges und teures Unterfangen. Heute kann man eine E-Commerce-Website einrichten, auch wenn man über keine besonderen technischen Kenntnisse verfügt. Alternativ können Sie die Aufgabe an einen Freiberufler auslagern; dies kann jedoch Kosten von 100 bis 1000 $ verursachen, abhängig von den besonderen Spezifikationen, die Sie in Bezug auf Plattformen wie GoDaddy oder Shopify haben.

Mit einem grundlegenden Verständnis von Computern und dem Internet stellt die Erstellung einer Website kein übermäßig schwieriges Unterfangen dar.

<u>Domänenname:</u>

Sie benötigen einen Domänennamen für Ihre Website, um loszulegen. Es ist wichtig, einen einprägsamen und ansprechenden Domainnamen zu wählen, da dies die Auffindbarkeit Ihrer Website erhöht, wenn Google sie für Google Analytics indexiert. Ein einprägsamer Name ist ein Gewinn für die eigenen Marketingbemühungen. Wer könnte Domainnamen wie business.com oder amazon.com vergessen?

Unglaublicherweise wurde der Domänenname business.com für eine beträchtliche Summe von einer Million Dollar verkauft, ohne die dazugehörige Website.

Beginnen Sie die Entwicklung Ihrer Website mit der Suche nach einem einprägsamen und prägnanten Namen, der Ihr Fachgebiet genau widerspiegelt. Achten Sie darauf, dass er prägnant, fesselnd und bemerkenswert ist. Nachdem Sie den idealen Namen gefunden haben, überprüfen Sie, ob er noch verfügbar ist, um ihn zu kaufen. Die jährlichen Kosten für die Registrierung eines Domänennamens liegen zwischen $9,99 und $15. Hostinger und GoDaddy gehören zu den vielen Unternehmen, die die Registrierung von Domänennamen anbieten.

Shopify, eine Plattform, die für ihre intuitiven Funktionen zur Entwicklung von E-Commerce-Websites bekannt ist, bietet auch die

Möglichkeit, einen Domainnamen zu registrieren. Zusätzlich zu seinen Konkurrenten bietet GoDaddy einen günstigeren und wettbewerbsfähigeren E-Commerce-Builder als Shopify. Bei diesen E-Commerce-Plattformen sind keine Programmierkenntnisse erforderlich, um die Erstellung von Websites zu erleichtern.

Plattformen für den elektronischen Handel:

Nachdem Sie einen Domainnamen für Ihr Online-Unternehmen erhalten haben, können Sie mit der Entwicklung Ihrer E-Commerce-Website fortfahren. Es gibt drei einfache Ansätze für die Einrichtung einer E-Commerce-Website, wobei der einfachste die Nutzung einer vorgefertigten Plattform wie Shopify ist. Diese unkomplizierte Plattform gibt Ihnen die Möglichkeit, Ihre E-Commerce-Website effizient und zügig zu entwickeln.

Kommagetrennte Werte (CSV) Datei:

Importieren Sie einfach die CSV-Datei (Comma-Separated Values), die Sie erstellt haben, in die Plattform. Aus diesem Grund habe ich in Schritt 2 betont, wie wichtig es ist, einen gut organisierten Bestandskatalog zu erstellen.

Die Einrichtung dieses Katalogs wird den Prozess der Entwicklung Ihres Online-Unternehmens erheblich vereinfachen, da Shopify den Großteil der arbeitsintensiven Aufgaben übernimmt. Ihre Hauptaufgabe besteht darin, Ihre Produkte zu Ihrer Website hinzuzufügen.

Für diejenigen, die mit dem Begriff "Exportieren" nicht vertraut sind: Er bezeichnet den Vorgang, bei dem Daten von einem Ort oder Format in ein anderes übertragen werden, z. B. Ihre Produktdaten in einer CSV-Datei.

Exportieren bedeutet in diesem Zusammenhang, dass Sie die Informationen aus Ihrem Bestandskatalog auf die Shopify-Plattform übertragen und so die nahtlose Integration Ihrer Produkte in Ihre E-Commerce-Website erleichtern. Durch diesen rationalisierten Ansatz können Sie Zeit und Energie effektiv für den Aufbau Ihres Online-Shops einsetzen.

Wenn Ihre Website nur eine relativ geringe Anzahl von Produkten enthält, kann es sich erübrigen, eine CSV-Datei zu erstellen; Sie können die Artikel manuell eingeben. Shopify bietet eine einmonatige kostenlose Testphase an, in der Sie genügend Zeit haben, um alle Produkte manuell hinzuzufügen oder aus der CSV-Datei zu importieren. In ähnlicher Weise bietet die E-Commerce-Plattform von GoDaddy eine kostenlose Testphase, in der Produkte konfiguriert werden können.

OpenCart ist eine weitere kostengünstige Alternative zu Shopify und GoDaddy. OpenCart ist eine E-Commerce-Plattform, die die Entwicklung von Open-Source-Einkaufswebsites ermöglicht. Die Zahlung für das Hosting ist die einzige Voraussetzung; die Preise variieren zwischen 2,99 und 30 $ pro Monat, abhängig von den Anforderungen des Nutzers an den Datenverbrauch. Ich möchte Shopify vorschlagen, da das Hosting im Monatstarif enthalten ist. Nach einer einmonatigen kostenlosen Testphase kostet der günstigste Plan 51 $ pro Monat, nachdem die ersten drei Monate mit 1 $ pro Monat berechnet werden.

Anfänglich ist ein teurer Tarif nicht unbedingt erforderlich; bei steigendem Umsatz kann man sich für ein Upgrade entscheiden. Außerdem ist GoDaddy eine budgetfreundliche Option.

Shop-Themen:

Bevor Sie mit der Entwicklung Ihrer Website beginnen, sollten Sie unbedingt ein geeignetes Thema für Ihr Geschäft auswählen. Es gibt eine Vielzahl von Themes für Ihre Nische, von denen einige kostenlos und andere möglicherweise kostenpflichtig sind. Zahlreiche kostenlose Themes sind für eine Website mehr als ausreichend.

Shopify bietet ein integriertes Zahlungssystem für die Zahlungsabwicklung, das die Verknüpfung Ihrer Finanzdaten mit Ihrer

Website erfordert. Auch im Hinblick auf die Logistik bietet Shopify Lösungen an. Die Integration von nationalen und privaten Spediteuren in die Shopify-Plattform ist nahtlos und spiegelt die Integration von GoDaddy wider. Im Gegensatz dazu müssen Sie bei OpenCart die Kommunikation mit den Spediteuren aufnehmen, um einen API-Schlüssel oder einen Code zur Integration ihrer Systeme in Ihre E-Commerce-Plattform zu erhalten.

Sowohl GoDaddy als auch Shopify bieten die Möglichkeit, ihre eigenen Spezialisten mit der Entwicklung Ihrer Website zu beauftragen. Wir werden jedoch nicht näher auf diese Dienste eingehen, da der Schwerpunkt dieses Buches auf der Gründung eines erfolgreichen Unternehmens mit einer Investition von 50 US-Dollar liegt. Umgekehrt können Sie auch Freiberufler von alternativen Plattformen wie GoDaddy oder Shopify beauftragen, die häufig günstigere Tarife anbieten und über umfangreiche Fachkenntnisse in der Website-Entwicklung verfügen.

Obwohl Shopify und GoDaddy empfehlenswerte Alternativen sind, ist es wichtig anzuerkennen, dass es auch andere praktikable Möglichkeiten gibt. Einige Unternehmen entscheiden sich für die WooCommerce-Plattform, insbesondere wenn sie bereits Erfahrung mit der Entwicklung von WordPress-Websites haben. Durch die nahtlose Integration in WordPress-Themes bietet WooCommerce eine weitere praktikable Option für die Entwicklung einer E-Commerce-Website.

Es ist wichtig zu bedenken, dass der Prozess der Entwicklung einer E-Commerce-Website in der heutigen digitalen Umgebung außerordentlich bequem geworden ist. Entscheidend ist, dass man die Konzentration behält und sich für die Plattform entscheidet, die den eigenen Fähigkeiten und dem Grad der Bequemlichkeit entspricht. Wenn Sie bereits Erfahrung mit der Entwicklung von WordPress-Websites haben, könnte sich WooCommerce als eine ausgezeichnete Wahl erweisen.

Klonen:

Es gibt eine geschickte Möglichkeit, eine etablierte E-Commerce-Website, die Ihrem Lieferanten gehört, schnell zu duplizieren, indem man sie nachbildet. Durch den Einsatz von Web-Harvesting-Software kann man effektiv eine CSV-Datei mit allen erforderlichen Informationen erstellen. Diese Datei kann anschließend auf eine unabhängige E-Commerce-Plattform exportiert werden. Nehmen wir an, Ihr Lieferant unterhält einen umfassenden Online-Katalog mit mehr als tausend Produkten. Mit Hilfe eines Web Scrapers kann man diese Daten mühelos extrahieren und sein Inventar aufbauen.

Obwohl es an juristischem Fachwissen mangelt, ist es im Allgemeinen zulässig, zu diesem Zweck Software wie Web Scraper zu verwenden. Um Ihrer Website etwas mehr Kreativität zu verleihen, können Sie die Produktbeschreibungen anschließend mit Quillbot oder anderen kostenlosen Ressourcen überarbeiten.

Ein Vorteil des Einsatzes von Web-Scrapern ist die Möglichkeit, schnell eine E-Commerce-Website zu entwickeln, selbst wenn die Website eine große Anzahl von Produkten enthält, die möglicherweise Millionen erreicht. Nach Abschluss des Extraktionsverfahrens und der Erstellung der CSV-Datei ist nur noch ein einfacher Export in die bevorzugte E-Commerce-Plattform (z. B. Shopify, GoDaddy, OpenCart usw.) erforderlich. Ihre Website ist nun betriebsbereit.

Die Einrichtung einer Online-Boutique, um spezialisierte Produkte einem potenziell riesigen Kundenstamm von Millionen oder Milliarden vorzustellen, ist das übergeordnete Ziel, unabhängig davon, ob man sich für die Entwicklung einer individuellen Website oder für die Nachbildung einer bestehenden Website entscheidet. Darin liegt der Zauber des Internets: Es bietet eine außergewöhnliche Marketingmöglichkeit.

Prominente E-Commerce-Unternehmen wie Shein, das als bescheidene, auf Hochzeitskleider spezialisierte Online-Boutique begann, und Amazon, das in einer Garage entstand, entwickelten sich rasch zu Multimilliarden-Dollar-Branchen. Dank des Internets haben Sie heute die gleichen Möglichkeiten zur Verfügung.

Was früher Hunderttausende von Dollar an Krediten und Finanzierungen für Unternehmen erforderte, kann jetzt für nur 51 Dollar pro Monat erreicht werden, abhängig von der gewählten E-Commerce-Plattform. Dank der Erschwinglichkeit und Zugänglichkeit von Online-Geschäften können aufstrebende Unternehmer nun mit minimalem finanziellen Aufwand ein weltweites Publikum erreichen.

Diese E-Commerce-Plattformen bieten Foren und Video-Tutorials, die das Erlernen der Einrichtung Ihrer Website zu einem unkomplizierten Prozess machen, selbst wenn Sie sich anfangs überfordert fühlen. Es ist wichtig, sich vor Augen zu halten, dass man Herausforderungen am besten meistert, wenn man sie frontal angeht und durchhält.

Sobald Sie die Erstellung Ihrer Website abgeschlossen haben, ist es von größter Wichtigkeit zu prüfen, ob sie korrekte Beschreibungen und umfassende Informationen über Ihr Unternehmen enthält.

"Über uns"

Wenn Kunden Ihre Webplattform besuchen, sollten sie schnell herausfinden können, wer Sie sind, wie sie mit Ihnen in Kontakt treten können und was die Geschichte Ihres Unternehmens ist. Besondere Aufmerksamkeit sollten Sie dem Bereich "Über uns" Ihrer Website widmen, denn hier können Sie Informationen über den Hintergrund, die Werte und die Ziele Ihres Unternehmens präsentieren.

Das Vertrauen in Ihre Website wird als direkte Folge Ihrer demonstrierten Offenheit und Transparenz steigen.

Es ist wichtig zu bedenken, dass die Tatsache, dass Ihr Unternehmen in einer virtuellen Umgebung tätig ist, kein Grund ist, seine Aktivitäten vor der Öffentlichkeit zu verbergen.

Stattdessen sollten Sie sich bemühen, Ihren Kunden gegenüber offen und ehrlich zu sein, um ihr Vertrauen zu gewinnen.

Registrierung Ihres Unternehmens:

Sie sollten auch darüber nachdenken, wie wichtig es ist, Ihr Unternehmen formell anzumelden. In der Anfangsphase Ihres Unternehmens hat dies vielleicht noch nicht die höchste Priorität für Sie.

Dies gilt insbesondere, wenn man bedenkt, dass Sie im ersten Jahr möglicherweise keine Steuerschuld haben, wenn Ihr Unternehmen eine bestimmte Einkommensschwelle nicht erreicht hat.

Steuerliche Erwägungen:

Sobald Ihr Unternehmen jedoch an Fahrt gewinnt, müssen Sie es unbedingt registrieren lassen und eine Steueridentifikationsnummer beantragen.

Wenn Sie in Zukunft mit einem Steuerberater zusammenarbeiten oder sich mit anderen steuerlichen Fragen befassen, wird sich dieser Schritt als sehr hilfreich erweisen.

Schritt 4: Den richtigen Preis finden :

In diesem Schritt werden wir eine Preisstrategie besprechen und lernen, wie man wettbewerbsfähige und profitable Preise festlegt.

Die Preisgestaltung ist eine wesentliche Determinante für die Rentabilität Ihres Unternehmens. Es ist wichtig, sich vor Augen zu halten, dass das Ziel darin besteht, ein rentables Unternehmen zu gründen, und nicht ein philanthropisches, das eine minimale finanzielle Investition und ein fast nicht vorhandenes Risiko voraussetzt.

Daher ist es von entscheidender Bedeutung, angemessene Preise für Ihre Produkte festzulegen. Ihre Preisstrategie sollte mit den von Ihnen angestrebten Gewinnspannen, der Anzahl und Vielfalt der von Ihnen angebotenen Produkte und Ihrer Nische übereinstimmen.

Besonders wichtig ist es, überhöhte Preise zu vermeiden, wenn ein Anbieter identische Produkte online zum Verkauf anbietet. Es ist wichtig, ein Gleichgewicht zwischen Rentabilität und Wettbewerbsfähigkeit zu finden.

Nehmen wir an, Sie beziehen von Ihrem Lieferanten 20 Einheiten von Produkt X zu einem Stückpreis von 6 $ und verkaufen monatlich diese Menge. Es wäre sinnvoller, sie für 5 $ weiterzuverkaufen, als 8 $ zu berechnen. Auf diese Weise erzielen Sie einen Gewinn von 40 $ pro verkauftem Produkt.

Eine übermäßige Preisinflation könnte den monatlichen Verkauf auf fünf Artikel beschränken, was einen Gewinn pro Produkt von 20 Dollar statt der geplanten 40 Dollar zur Folge hätte.

Entscheidend ist, dass Sie schrittweise und konsequent beginnen. Machen Sie sich keine Sorgen über die Geschwindigkeit, mit der Sie Gewinne erzielen, sondern konzentrieren Sie sich auf die Aufrechterhaltung der Beständigkeit.

Ein französisches Sprichwort besagt: "Der Appetit kommt beim Essen".

Partnerschaften mit Lieferanten:

Wenn Ihr Unternehmen expandiert, können Sie potenzielle Partnerschaften mit anderen als Ihren derzeitigen Lieferanten in Erwägung ziehen, was Ihre Gewinnspannen weiter erhöhen könnte. Um den Erfolg Ihres Unternehmens zu sichern, sollten Sie daher auf risikoarme Abläufe, konstante Umsätze und effiziente Marketingstrategien setzen.

Auch die potenzielle Gewinnspanne ist je nach Nischenprodukt unterschiedlich. Nehmen wir an, jemand beschließt, sich auf den Verkauf von Schmuckprodukten zu spezialisieren, nachdem er seine

Nische erkannt und einen zuverlässigen Lieferanten gefunden hat. In diesem Fall lassen sich mit Produkten wie Goldanhängern erhebliche Gewinnspannen erzielen.

Wenn der Ring beispielsweise von Ihrem Lieferanten mit 500 $ bepreist wird, ist es denkbar, dass Sie ihn auf Ihrer Website für 600 bis 800 $ weiterverkaufen. Dies ist nicht per se eine Preisinflation, da Schmuck häufig einen inneren Wert besitzt und wesentlich höhere Gewinnspannen bietet als andere Produktkategorien.

Umgekehrt dürfen Sie beim Verkauf von Kinderspielzeug, wenn ein bestimmtes Spielzeug (genannt Spielzeug A) von Ihrem Lieferanten für 80 $ angeboten wird, auf Ihrer Website nicht mehr als 100 $ aufschlagen. Da Nischen- und Marktdynamik eine wichtige Rolle spielen, gibt es keine allgemeingültige Formel für die Festlegung von Produktpreisen. Ein Gleichgewicht zwischen wettbewerbsfähiger Preisgestaltung und Rentabilität zu finden, ist im Kontext der eigenen Branche von größter Bedeutung.

Gewinnspannen:

Wenn Sie es mit einem großen Produktbestand zu tun haben, wie z. B. beim Verkauf von Schönheitsprodukten mit mehr als 2000 Artikeln von Ihren Lieferanten, kann die Preisfestsetzung durch einen prozentualen

Margenansatz vereinfacht werden. Eine wirksame Methode besteht darin, einen festen Prozentsatz der Gewinnspanne auf die Kosten jedes Produkts anzuwenden. Sie könnten zum Beispiel eine Gewinnspanne von 15 % festlegen, die auf den Selbstkostenpreis jedes Artikels aufgeschlagen wird.

Mit Hilfe von Tools wie einem CSV-Blatt und einer Tabellenkalkulationssoftware wie Excel können Sie diese Margenformel effizient auf alle Ihre Produkte anwenden. Dies vereinfacht den Preisfindungsprozess erheblich und ermöglicht es Ihnen, den Verkaufspreis für jeden Artikel in Ihrem Bestand schnell zu bestimmen.

Durch die Verwendung einer einheitlichen prozentualen Marge für Ihr gesamtes Produktsortiment straffen Sie nicht nur Ihre Preisstrategie, sondern stellen auch sicher, dass Ihre Preise wettbewerbsfähig bleiben und mit Ihren Gewinnzielen übereinstimmen. Dies ist ein effizienter Weg, um eine konsistente Preisgestaltung zu gewährleisten und gleichzeitig einen großen und vielfältigen Produktkatalog zu verwalten.

Die Preisgestaltung für Schönheitsprodukte, die in der Regel aus mehr als 2.000 Artikeln bestehen, die von Lieferanten bezogen werden, lässt sich durch die Einführung einer prozentualen Margenstrategie leichter verwalten. Die Einführung eines festen Prozentsatzes für die

Gewinnspanne auf die Kosten der einzelnen Produkte ist ein effektiver Ansatz. Zum Beispiel könnte man eine Gewinnspanne von 15 % festlegen, die an den Selbstkostenpreis des Artikels angehängt wird.

Tabellenkalkulationssoftware:

Durch den Einsatz von Tabellenkalkulationsprogrammen wie Excel und CSV-Blättern kann man diese Margenformel effektiv für alle Produkte anwenden. Dadurch wird das Preisfindungsverfahren erheblich rationalisiert, und Sie können den Verkaufspreis für jeden Artikel in Ihrem Lagerbestand effizient ermitteln.

Indem Sie eine einheitliche prozentuale Marge auf Ihr gesamtes Sortiment anwenden, stellen Sie sicher, dass Ihre Preise wettbewerbsfähig bleiben und mit Ihren Gewinnzielen übereinstimmen, während Sie gleichzeitig Ihre Preisstrategie straffen. Auch wenn Sie ein umfangreiches und vielfältiges Produktsortiment betreuen, gewährleistet diese Methode eine einheitliche Preisgestaltung.

Im Laufe der Zeit, wenn Sie Einblicke in Ihre Produktleistung gewinnen, können Sie fundierte Entscheidungen über Preisanpassungen treffen.

Nehmen wir zum Beispiel an, Sie haben ein meistverkauftes Produkt, Produkt X, von dem Sie jeden Monat 1000 Stück verkaufen. Bei der

Analyse stellen Sie fest, dass der Absatz dieses Produkts durch das Anbieten von Gutscheinen oder die Einführung von Rabatten potenziell auf das 8- bis 10-fache seines derzeitigen Volumens steigen könnte.

In einem solchen Szenario ist es eine logische Entscheidung, den Preis von Produkt X zu senken, um die gestiegene Nachfrage zu nutzen und den Absatz erheblich zu steigern.

Um wertvolle Einblicke in die Entwicklung einer effektiven Preisstrategie zu erhalten, empfehle ich die Bücher von Alex Hormozi zu lesen.

Schritt 5: SEO und Marketing-Strategien

Am Ende dieses Leitfadens ist es wichtig zu betonen, dass die Gründung eines E-Commerce-Unternehmens nur der Anfang ist.

Auch wenn Ihre Website bereits in Betrieb ist und Bestellungen entgegennimmt, muss sichergestellt werden, dass sie auffindbar und sichtbar ist, um Verkäufe zu generieren.

Die Suchmaschinenoptimierung (SEO) ist in diesem Zusammenhang ein wichtiger Faktor. Sie können die Wahrscheinlichkeit einer hohen Platzierung in den Google-Suchergebnissen erheblich steigern, indem Sie die Schlüsselwörter sinnvoll in die Meta-Tags und Beschreibungen Ihrer Website integrieren.

<u>**Schlüsselwörter:**</u>

Wenn ein Nutzer ein Stichwort eingibt, das mit Ihren Produkten in Verbindung steht, steigt die Wahrscheinlichkeit, dass Ihre Website in den Suchergebnissen angezeigt wird.

Für den SEO-Erfolg ist die genaue Positionierung von Meta-Tags und Beschreibungen entscheidend. Außerdem bietet Shopify ein praktisches Instrument der künstlichen Intelligenz (KI), das bei der Erstellung von Meta-Beschreibungen helfen kann. Ein paar rudimentäre Wörter sind alles, was dieses Tool der künstlichen Intelligenz benötigt, um fesselnde Beschreibungen zu erstellen.

Bilder von Ihren Produkten in hoher Qualität sind ebenso wichtig. Sie müssen sich Bilder aus dem Internet oder von den Lieferanten Ihrer Lieferanten besorgen, wenn sie nicht von Ihnen bereitgestellt werden. Es ist praktisch unmöglich, ein Produkt online ohne ein dazugehöriges Bild zu verkaufen, da Bilder eine entscheidende Rolle dabei spielen, potenzielle Kunden anzulocken und zu binden.

Dropshipping:

Wer Dropshipping betreibt, ein neues Produkt einführt oder eine Online-Präsenz für ein physisches Geschäft einrichtet, steht vor einem großen Dilemma: Wie kann sichergestellt werden, dass die Verbraucher das Online-Geschäft finden können?

Diejenigen, die über eine Suchmaschine auf Ihre E-Commerce-Plattform stoßen, erkundigen sich in der Regel nach vergleichbaren Produkten, was die Wahrscheinlichkeit einer erfolgreichen Transaktion erhöht. Durch den Einsatz von Suchmaschinenoptimierung (SEO) können Sie die Sichtbarkeit Ihres Online-Shops verbessern und die Wahrscheinlichkeit erhöhen, dass potenzielle Kunden in den Suchmaschinenergebnissen auf Ihre Produkte stoßen.

Menschen, die im Internet nach Informationen suchen, beginnen ihre Suche häufig mit bekannten Suchmaschinen wie Google oder Bing.

Diese Suchmaschinen sollen das vielfältige Material, das auf Websites zu finden ist, filtern und eine Rangliste der Ergebnisse entsprechend den eingegebenen Suchanfragen erstellen. Sie ermitteln zunächst, welche Websites die größte Wahrscheinlichkeit haben, für die Suchanfrage relevant zu sein, und stellen dann die Ergebnisse in der Reihenfolge ihrer Relevanz bereit.

Suchergebnisse:

Die Prominenz Ihres Online-Shops in den Suchergebnissen kann durch eine Reihe von Faktoren beeinflusst werden, darunter die folgenden:

- Der prozentuale Anteil des gesamten Besucheraufkommens einer Website, der aus unbezahlten oder organischen Quellen stammt, z. B. aus sozialen Medien oder anderen Websites, die auf die Website verlinken.

- Die Autorität Ihrer Website, gemessen an Aspekten wie dem Grad der Nutzeraktivität und anderen relevanten Indikatoren.

- Die Anzahl der Jahre, die Sie Ihren Domänennamen besitzen.

- Sowohl die Struktur als auch der Inhalt Ihrer Website werden verbessert, so dass sie suchmaschinenfreundlicher sind.

Für diejenigen, die gerade erst in die Welt des Online-Einzelhandels einsteigen, mag es schwierig sein, die ersten drei Elemente unmittelbar zu beeinflussen.

Der Aufbau eines positiven Rufs für Ihr Unternehmen erfordert Zeit und konsequente Bemühungen, ebenso wie die Beschaffung von Backlinks von anderen Websites. Andererseits können Sie mit Ihrer Inhaltsstrategie Pläne für Ihren langfristigen Erfolg schmieden.

Die Optimierung Ihrer Inhalte, damit sie von den Suchmaschinen bei Suchanfragen im Zusammenhang mit Ihren Produkten besser erkannt werden können, ist der einfachste Weg, um kurzfristig mehr Besucher auf Ihr Online-Geschäft zu bringen. Dies wird Ihnen helfen, mehr von den Dingen zu verkaufen, die Sie online anbieten.

Diese Methode wird üblicherweise als SEO bezeichnet, was für "Search Engine Optimization" steht.

Um die Suchmaschinenoptimierung einer Website für ein Online-Geschäft zu verbessern, müssen einige grundlegende Strategien angewandt werden.

Im Folgenden werden einige Beispiele für solche Strategien vorgestellt:

Finden Sie heraus, welche Wörter und Ausdrücke die Verbraucher in Suchmaschinen eingeben, um ähnliche Waren und Dienstleistungen wie die Ihren zu finden, und nutzen Sie diese. Welche Suchbegriffe sind am effektivsten, um Kunden in Ihr Geschäft zu locken?

Inhalte erstellen:

Wenn Sie den Inhalt Ihrer Website erstellen, sollten Sie unbedingt daran denken, relevante Schlüsselwörter an strategisch wichtigen Stellen einzufügen, z. B. in den Seitentiteln, Meta-Beschreibungen und Alt-Texten von Bildern.

Es ist äußerst wichtig, dass die URLs und Dateikennungen genau mit dem Inhalt übereinstimmen, der auf dem Bildschirm angezeigt wird.

Indem Sie die gesamte Domain zur Google Search Console hinzufügen, können Sie die Crawling- und Indexierungsraten der Website für Ihr Online-Geschäft erhöhen.

Blogs:

Die Integration von Informationen aus einem Blog in eine Website ist ein zusätzlicher und effizienter Weg, um die Menge des organischen Traffics zu erhöhen, der auf eine Website geleitet wird.

Diese Strategie hat das Potenzial, die Menge an organischem Traffic zu erhöhen, der über einen längeren Zeitraum auf eine Website geleitet wird, was letztendlich zu einer Steigerung des Umsatzes führen kann. Die Tools zur Veröffentlichung von Blogs und zur Erstellung von Inhalten, die in den meisten E-Commerce-Plattformen enthalten sind, können für eine Vielzahl von Zwecken effektiv genutzt werden. Genauso wie die Pflege Ihres Blogs und die Optimierung Ihrer Website für Suchmaschinen von entscheidender Bedeutung sind, ist das Marketing einer der wichtigsten Faktoren, die den Erfolg Ihres Online-Shops bestimmen werden.

Die wirksamste Marketingstrategie ist in der Regel diejenige, deren Umsetzung die wenigsten finanziellen Mittel erfordert und dennoch die gewünschten Ergebnisse erzielt.

Die Verbreitung von Beiträgen auf selbst eingerichteten Social-Media-Plattformen, die für das eigene Unternehmen und die von ihm vertriebenen Produkte relevant sind, ist eine mögliche Methode, um das Marketing in Gang zu bringen.

Soziale Medien:

Die Einrichtung eigener Seiten auf bekannten Social-Media-Plattformen wie Facebook und Instagram kann eine effiziente Methode sein, um potenzielle Kunden mit den Angeboten Ihres Unternehmens vertraut zu machen und die Markenbekanntheit zu steigern.

Auch über die Einrichtung eines YouTube-Kanals sollten Sie nachdenken. Ihre Produktangebote werden von mehr Menschen gesehen, wenn Sie sie auf durchdachte Weise in Facebook-Gruppen teilen, die für Ihre Zielgruppe relevant sind, sowie auf spezialisierten kostenlosen Kleinanzeigen-Websites, die sich auf Ihren speziellen Marktsektor beziehen.

Marketing:

Es empfiehlt sich, über die Herstellung von Visitenkarten nachzudenken, die eine kurze Zusammenfassung Ihres Unternehmens sowie die URL Ihres Online-Shops enthalten. So können Sie die Karten an jeden weitergeben, mit dem Sie in Kontakt kommen.

Darüber hinaus sollten Sie darüber nachdenken, Flyer und andere Werbematerialien für Ihre Organisation an den Schwarzen Brettern auszuhängen, die typischerweise auf dem Universitätsgelände zu finden sind.

Da das Marketing eine so entscheidende Rolle bei der Gewinnung und Bindung eines größeren Kundenstamms spielt, ist es unerlässlich, dass diesem Aspekt des Geschäfts ein großer Stellenwert beigemessen wird. Es ist wichtig, sich vor Augen zu halten, dass der Erfolg der eigenen Marketingbemühungen einen direkten Einfluss auf die Höhe des finanziellen Nutzens haben kann, den man erfährt.

Wenn eine Person mit ihrer Website bereits Einnahmen erzielt, sollte sie über die Möglichkeit nachdenken, einen Teil dieses Geldes in andere Formen von Marketingaktivitäten zu investieren, wenn sie ihr Geschäft weiter ausbauen möchte.

Unternehmen haben nun die Möglichkeit, gezielte Werbemaßnahmen auf verschiedenen Plattformen wie Google Ads und Facebook Ads durchzuführen, wobei sie die Freiheit haben, diese Kampagnen entsprechend ihren finanziellen Möglichkeiten zu personalisieren.

Beispiele für diese Plattformen sind Google und Facebook. Der Hauptzweck dieser Bemühungen besteht darin, die Zahl der Internetnutzer zu erhöhen, die mit Ihrer Website vertraut sind und sie kennen.

Es ist ratsam, ohne Zögern auf seine Bekannten zuzugehen und sie um Unterstützung bei der Werbung für die eigene Website zu bitten und gleichzeitig ihre Bekannten aufzufordern, ähnliche Aktionen zu unternehmen.

Dies ist die beste Vorgehensweise, wenn man über Bekannte verfügt, die eine große Anhängerschaft oder ein breites Netzwerk haben. Trotz seines scheinbar bescheidenen Aussehens hat das Pyramidenmarketing die Fähigkeit, eine riesige Anzahl von Personen zu erreichen, die vielleicht in die Hunderte oder sogar in die Millionen geht.

Der Grund dafür ist, dass Pyramidenmarketing dadurch funktioniert, dass die Teilnehmer ermutigt werden, andere für das System zu werben.

Vorteile der Kundentreue:

Eine nützliche Methode zur Förderung von Wiederholungsgeschäften auf Ihrer Website besteht darin, treuen Kunden die Möglichkeit zu geben, Preise für ihre kontinuierliche Treue zum Unternehmen zu verdienen, indem Sie ihnen Treuevorteile bieten. Diese Strategie hilft den Unternehmen nicht nur, ihre bestehenden Kunden zu halten, sondern führt auch zu höheren Einnahmen und einem breiteren Spektrum an demografischen Kunden.

Trichter:

Die Verwendung von E-Mail-Trichtern ist eine weitere wirksame Taktik, die in Betracht gezogen werden sollte. Eine Marketingstrategie, die als E-Mail-Trichter bekannt ist, ist eine Technik, die ausdrücklich entwickelt wurde, um potenzielle Kunden auf einen Weg zu leiten, der am Ende dazu führt, dass diese Kunden zu Käufern werden. Es handelt sich um ein methodisches Verfahren, bei dem die E-Mail-Korrespondenz genutzt wird, um Leads zu kultivieren und sie in zahlende Kunden zu verwandeln.

E-Mail-Trichter bestehen aus einer Reihe von sorgfältig erstellten E-Mails, die nacheinander versendet werden sollen. Jede E-Mail erfüllt eine bestimmte Aufgabe im Rahmen der Customer Journey. Das Ziel besteht darin, potenzielle Kunden durch eine Reihe von Phasen zu führen, die mit der ersten Bewusstseinsstufe beginnen und mit der Konversionsphase enden.

Zu Beginn des Verkaufsprozesses geht es in erster Linie darum, den Bekanntheitsgrad der Marke zu steigern und das Interesse der potenziellen Kunden zu wecken. Im weiteren Verlauf des Prozesses geht es darum, das Engagement zu vertiefen, Neugier zu wecken, Inhalte zu vermitteln, die ansprechen, und schließlich die Konversion zu fördern.

Die Ausführung dieser Trichter hängt häufig stark von der Automatisierung der E-Mail-Kommunikation ab. Sie ermöglicht es Unternehmen, relevante und zeitnahe Mitteilungen an Einzelpersonen zu senden, die auf deren Interaktionen mit früheren E-Mails oder dem Verhalten auf der Website basieren.

Diese Interaktionen können aus der Historie der Interaktion einer Person mit Websites oder E-Mails entnommen werden. E-Mail-Trichter versuchen, die Möglichkeit zu optimieren, Interessenten in zufriedene Käufer zu verwandeln, indem sie gute Informationen liefern, Anforderungen lösen und Angebote auf intelligente Weise anbieten.

Ein E-Mail-Trichter ist im Wesentlichen ein dynamisches Marketinginstrument, das potenzielle Kunden auf einen vorher festgelegten Weg lenkt. Aus diesem Grund ist es eine effektive Strategie für Unternehmen, die die Anzahl der Konversionen erhöhen und ihre Kundenbeziehungen verbessern möchten.

SCHLUSSFOLGERUNG

Zusammenfassend lässt sich sagen, dass "From Zero To E-Commerce Hero" von Abraham Wright ein praktischer und umsetzbarer Leitfaden für jeden ist, der in der Welt des E-Commerce einen bemerkenswerten Erfolg erzielen möchte. Wie in den fünf grundlegenden Schritten beschrieben, entmystifiziert dieses Buch den Weg zum Aufbau eines Multimillionen-Dollar-Online-Geschäfts mit einem bescheidenen Budget von nur 100 Dollar pro Monat.

Die Reise beginnt mit "Eine Nische finden", wo Sie lernen, ein Marktsegment zu identifizieren, das perfekt zu Ihren Geschäftszielen passt. Das nächste Kapitel, "Einen lokalen Lieferanten finden", ist der Schlüssel zur Beschaffung des notwendigen Inventars und schafft die Voraussetzungen für Ihr E-Commerce-Projekt. Mit "Aufbau einer E-Commerce-Website oder Klonen einer solchen" erhalten Sie das nötige Rüstzeug, um eine digitale Präsenz aufzubauen, die die Aufmerksamkeit Ihres Publikums erregt.

Sobald das Fundament gelegt ist, tauchen Sie ein in "Den richtigen Preis festlegen". Hier lernen Sie, wie Sie eine wettbewerbsfähige und rentable Preisgestaltung festlegen - ein wichtiges Element auf Ihrem Weg zum Erfolg. Und schließlich enthüllt "SEO und Marketingstrategie" die Strategien und Taktiken, die erforderlich sind, um Ihr Unternehmen effektiv zu fördern und Ihre Online-Präsenz zu verbessern.

In einer Welt, in der E-Commerce eine komplexe und entmutigende Landschaft sein kann, bietet "From Zero To E-Commerce Hero" eine klare und praktische Erzählung, die Sie von Null zum Helden führt, wo das Erfolgsversprechen greifbar ist und der Weg beleuchtet wird.

Ganz gleich, ob Sie gerade erst mit dem E-Commerce beginnen oder Ihr bestehendes Unternehmen aufwerten wollen, dieses Buch hilft Ihnen, die Chance zu ergreifen und Ihren Weg zum E-Commerce-Erfolg zu finden. Begeben Sie sich also auf diese transformative Reise, beherzigen Sie diese fünf wesentlichen Schritte und schreiben Sie Ihre eigene Erfolgsgeschichte vom Nullpunkt zum E-Commerce-Helden.

Das Ende

www.ingramcontent.com/pod-product-compliance
Lightning Source LLC
Chambersburg PA
CBHW082228290526
45794CB00009B/3710